BEI GRIN MACHT SICH IHR WISSEN BEZAHLT

AF153479

- Wir veröffentlichen Ihre Hausarbeit,
  Bachelor- und Masterarbeit

- Ihr eigenes eBook und Buch -
  weltweit in allen wichtigen Shops

- Verdienen Sie an jedem Verkauf

Jetzt bei www.GRIN.com hochladen und kostenlos publizieren

Risiko- und Schutzfaktoren für die Entstehung von psychischen Störungen

Bibliografische Information der Deutschen Nationalbibliothek:

Die Deutsche Nationalbibliothek verzeichnet diese Publikation in der Deutschen Nationalbibliografie; detaillierte bibliografische Daten sind im Internet über http://dnb.d-nb.de abrufbar.

ISBN: 9783346721662
Dieses Buch ist auch als E-Book erhältlich.

© GRIN Publishing GmbH
Nymphenburger Straße 86
80636 München

Druck und Bindung: Books on Demand GmbH, Norderstedt Germany
Gedruckt auf säurefreiem Papier aus verantwortungsvollen Quellen

Das vorliegende Werk wurde sorgfältig erarbeitet. Dennoch übernehmen Autoren und Verlag für die Richtigkeit von Angaben, Hinweisen, Links und Ratschlägen sowie eventuelle Druckfehler keine Haftung.

Das Buch bei GRIN: https://www.grin.com/document/1271776

Einsendeaufgabe

Sonderprüfung – klinische Psychologie 1

Abgegeben am: 23.04.2020 im E-Campus

SRH Fernhochschule

Modul: Klinische Psychologie 1

Studiengang: Psychologie (B.Sc.)

Inhaltsverzeichnis

Abbildungsverzeichnis

Tabellenverzeichnis

Abkürzungsverzeichnis

HHNA	Hypothalamus-Hypophysen-Nebennierenrindenachse
Sog.	sogenannte
ADHS	Aufmerksamkeitsdefizit-/Hyperaktivitätsstörung
fMRT	funktionelle Magnetresonanztomographie
DIA-X	Diagnostisches Expertensystem für Psychische Störungen
SCID	Strukturiertes Klinisches Interview für DSM-5-Störungen

Textteil zu Aufgabe 1

Ein Ziel der klinischen Psychologie ist es, die Entstehung und Aufrechterhaltung psychischer Störungen nachvollziehen zu können. Um zu verstehen, welche Aspekte das Risiko einer Fehlentwicklung erhöhen oder dämpfen können, werden die Risiko- und Schutzfaktoren herangezogen, welche als dynamisch wirksame Entwicklungsfaktoren verstanden werden. Dabei stellen Risikofaktoren Variablen/ Konstrukte dar, durch die Fehlanpassungen kausal verknüpft werden. Über Längsschnittstudien ergeben sich Nachweise über die korrelativen Zusammenhänge. Zu den Risikofaktoren gehören personale Risikofaktoren (Vulnerabilität) und soziale Risikofaktoren (Stressoren, Belastungen); (Beelmann, 2012, S. 6). In gewissem Maße sind Stressoren jedoch notwendig, um den Organismus zu einer Anpassung an die Umwelt zu zwingen, um das Überleben zu sichern (fight-flight-Reaktion) und sich weiter entwickeln zu können (Herbert, 2017, S. 18). Die Schutzfaktoren dagegen, sind die Variablen/ Konstrukte, die die vorhandenen Risikofaktoren abschwächen, um ein normales Funktionsniveau zu schaffen (Beelmann, 2012, S. 8). Unter Schutzfaktoren eines Menschen werden die personalen Schutzfaktoren (Resilienz, Invulnerabilität, persönliche Ressourcen) und soziale Schutzfaktoren (soziale Ressourcen) gezählt (Beelmann, 2012, S. 8). Eine Fehlentwicklung stellt sich ein, sobald ein ungünstiges Verhältnis von Risikofaktoren zu Schutzfaktoren vorliegt (siehe Abbildung 1); (Beelmann, 2012, S. 10).

$$\text{Inzidenz} = \frac{\text{Vulnerabilität} + \text{Stressoren}}{\text{Resilienz} + \text{Ressourcen}}$$

Abbildung 1: Entstehung von psychischen Fehlentwicklungen (eigene Darstellung, Albee, 1980 zit. nach (Beelmann, 2012, S. 8).

Zudem werden Verhaltensprobleme als Ergebnis komplexer Wechselwirkungen im Entwicklungsverlauf (Kombination und Kumulation) angesehen (Beelmann, 2012, S. 10). Bei dieser Ausführung ist immer zu beachten, dass hier von einem Zusammenspiel von bio-psycho-sozialen Faktoren ausgegangen wird, um eine psychische Störung hervorzurufen. Deshalb werden im Folgenden die verschiedenen möglichen Faktoren, die für die Entwicklung und

5

Aufrechterhaltung einer psychischen Störung von Bedeutung sind, ausgearbeitet.

Risikofaktoren

In einer Reihe von Zwillings-, Familien- und Adoptionsstudien wurden Erkenntnisse gewonnen, die für genetische Risikofaktoren bei der Entstehung psychischer Störungen sprechen. Dies gilt jedoch nur für bestimmte psychische Erkrankungen, wie z. B. Schizophrenie. Dennoch gilt, dass die Störung nicht allein auf die genetischen Faktoren zurückgeführt und keine einzelnen Gene für die Störung verantwortlich gemacht werden können. Es wird vermutet, dass eine Reihe von Genen in Verbindung mit spezifischen Umwelterfahrungen eine Veränderung in Systemen im Gehirn, wie der HHNA bewirken und dies zur Entstehung psychischer Störungen beitragen kann (Berking & Rief, 2012b, S. 21). Durch (vor-)geburtliche Faktoren kann ebenso die psychische Entwicklung beeinflusst werden. Zum Beispiel durch toxische Effekte von schädlichen Substanzen, die die Mutter während der Schwangerschaft zu sich genommen hat. Dabei können Folgen wie kognitive Funktionsstörungen (Aufmerksamkeit) sowie intellektuelle und sprachliche Beeinträchtigungen auftreten. Dieser bedeutsame Risikofaktor für psychische Störungen werden auch mit dem fehlerhaften Umgang mit Belastungssituationen oder Störungen (z. B. ADHS) in Verbindung gebracht (Berking & Rief, 2012b, S. 21-22). Bei Kindern und Jugendlichen stellt das männliche Geschlecht ein Risikofaktor für die Entstehung von psychischen Krankheiten dar, während in den übrigen Altersgruppen das weibliche Geschlecht als Risikofaktor gezählt wird. Die Art der Störung hängt zudem stark vom Geschlecht ab, da zum Beispiel erheblich mehr Frauen an Depressionen erkranken als Männer. Die meisten Störungen verzeichnen im mittleren Erwachsenenalter eine Erstmanifestation. Damit wurde gezeigt, dass soziodemografische Faktoren wie Geschlecht und Alter eine unterschiedliche Rolle in den verschiedenen Störungen spielen. Daneben beeinflusst der Faktor des Temperaments bzw. der Persönlichkeit die Entstehung von psychischen Störungen. So werden beispielsweise hoher Neurotizismus, Introversion, ein geringes Selbstwertgefühl sowie Substanzmissbrauch als Risikofaktoren angesehen. Wenn mentale Störungen mit mentalen oder behavioralen Prozessen zu lindern versucht werden (z. B. Alkoholkonsum), können diese in Verbindung mit der Vermeidungstendenz von inneren Erfahrungen ein erhöhtes

Verstärkerpotenzial darstellen und langfristig zur Entwicklung einer psychischen Störung beitragen. Dieser Prozess wird „Experience avoidance" genannt und als wichtiger Risikofaktor für psychische Störungen angesehen (Berking & Rief, 2012b, S. 22). Erstaunlicherweise werden auch psychische Störungen als Risikofaktor angesehen, weitere psychische Störungen ausbilden zu können. Bei der Angststörung wird z. B. oft ein Vermeidungsverhalten entwickelt, welches als Verstärkerverlust fungiert und eine depressive Entwicklung einleiten kann. Eine depressive Entwicklung kann wiederum zuversichtliche Bewältigungsstrategien reduzieren und so könnte sich durch das permanente Vermeiden der schwierigen Situation eine Angststörung entwickeln. Zudem erhöht sich die Wahrscheinlichkeit einer rezidiven Depression zu 60 % wenn die Person schon zwei vorausgegangene Episoden erlebt hat (Monroe & Hadjiyannakis, 2002 zitiert nach Berking & Rief, 2012c, S. 23). Psychische Störungen sind kulturübergreifend, jedoch können die verschiedenen Störungen abhängig von den „Normen, Umgangsweisen, Denk- und Verhaltensgewohnheiten, Bildungssysteme, Familienstrukturen, etc." unterschieden werden (Berking & Rief, 2012b, S. 23). Ein sehr wichtiger Risikofaktor besteht in einem geringen sozioökonomischen Status, der sich aus sozialem (z. B. Schulabschluss), ökonomischen (z. B. Einkommen) und beruflichem (z. B. Ausbildung) zusammensetzt. Ein geringer sozioökonomischer Status bringt ein höheres Risiko mit sich, an einer psychischen Störung zu erkranken. Dies wird mit Annahmen begründet, wie der Stress-and Strain-Hypothese, bei der ein niedriger Status mit hohen Belastungen verbunden ist. Der Social-Drift-Hypothese, bei der aufgrund einer psychischen Erkrankung eine soziale Isolation der Betroffenen die Folge ist, womit ein niedriger Status Zustandekommen kann und zuletzt das Transaktionsmodell. Deses Modell stellt eine Kombination der beiden anderen Modelle dar, denn durch einen niedriger Status folgen Belastungen und schlechte Versorgung mit Präventions- und Therapieverfahren, was wiederum mit Statusverlust verbunden ist und in einen Teufelskreis endet, der eine Zunahme des Erkrankungsrisikos garantiert (Berking & Rief, 2012b, S. 23). Vulnerabilität wird zudem als Risikofaktor eingestuft, da sie die Empfindlichkeit gegenüber Umweltfaktoren bezeichnet, wobei zwischen primärer Vulnerabilität (genetische Disposition) und sekundärer Vulnerabilität (Auseinandersetzung mit der Umwelt) unterschieden wird. Solche Anfälligkeiten in Verbindung mit den Lebensphasen eines Kindes können auch bei geringen Belastungen zu psychische Erkrankungen führen (Petermann, Maercker, Lutz & Stangier, 2018, S. 101). Die elterliche Erziehungs- und Bindungserfahrung kann dem Kind ein Risiko- oder Schutzfaktor bieten. Frühe Bindungserfahrung wird als wichtig für die Emotionsregulationskompetenzen angesehen, da gelernt wird Erwartungen, Haltungen und Gefühle gegenüber sich und anderen zu beeinflussen. Durch negative Erfahrungen können sich abwertende Selbst- und Weltbilder festigen und zu psychischen Störungen führen. Ein stabiles, fürsorgliches und liebevolles Beziehungserleben kann jedoch einer der wichtigsten Schutzfaktoren eines Kindes darstellen (Berking & Rief, 2012b, S. 24-25). Zuletzt wird noch der Einfluss von Gleichaltrigen (Peers) eingegangen. Diese Peers können als Vorbilder dienen und Störungsverhalten (z. B. exzessiver Alkohol- und Tabakkonsum) angenehm erscheinen lassen. Darüber hinaus kann das Selbst- und Weltbild durch (negative) Kommentare maßgeblich beeinflusst werden, was die Entstehung einer psychischen Krankheit begünstigen kann (Berking & Rief, 2012b, S. 25). Neben den Risikofaktoren muss zur Entstehung einer psychischen Krankheit ein Auslöser vorhanden sein. Dabei können kritische Lebensereignisse (z. B. Tod des Partners), Kumulation von kleinen Ergebnissen (z. B. Stau, Streit, Langeweile), interpersonelle Verletzungen, Verluste und Konflikte oder Inkongruenz als Auslöser dienen. Dabei meint Inkongruenz, dass das Verhältnis zwischen Zielen, Plänen, Wünschen und Bedürfnissen mit der Einschätzung des Erreichens dieser Aspekte nicht zusammenpasst und somit der Befriedigung der Grundbedürfnisse nicht nachgekommen werden kann und dadurch psychische Krankheiten begünstigt (Grawe, 2004 zitiert nach Berking & Rief, 2012c, S. 25).

Schutzfaktoren

Nun stellt sich die Frage, warum einige Menschen auf Risikofaktoren mit psychischen Erkrankungen reagieren und andere nicht. Dies kann mithilfe von Schutzfaktoren zu erklären versucht werden. Wie oben besprochen wirken die Schutzfaktoren eines Menschen den Risikofaktoren entgegen, um diese abzupuffern und psychische Störungen nicht entstehen zu lassen (Beelmann, 2012, S. 6). Belastungen treten bei jedem Menschen im Laufe seines Lebens auf und sind unvermeidbar, doch ob lebensbeinhaltende Belastungen zu psychischen Krankheiten führen, hängt zum Großteil von den Bewältigungsmöglichkeiten des Individuums ab. Diese Bewältigungsstrategien auch Coping genannt, wurden von Lazarus (1991) populär gemacht (zitiert nach Berking & Rief, 2012b, S. 25). In seinem Stress-Modell wird das „Primary Appraisal", indem die Beurteilung der Situation stattfindet, vom „Secondary Appraisal", dass für die Einschätzung der Bewältigung der Situation durch die verfügbaren Coping-Kompetenzen ausreichend ist, unterschieden. Stress und in Folge dessen psychische Erkrankungen werden dann ausgelöst, wenn das Primary Appraisal eine bedrohliche Situation ermittelt, die nicht, durch die Seconary Appraisal Einschätzung bewältigt werden kann. Zudem gelten gute Problemlösekompetenz als Schutz vor psychischen Störungen in Belastungssituationen (Berking & Rief, 2012b, S. 25). „Dazu zählt u. a. eine konstruktive Einstellung zu Problemen insgesamt sowie die Fähigkeit, konkrete Probleme zu analysieren, realistische Veränderungsziele anzustreben sowie effektive Veränderungsideen zu generieren und umzusetzen" (D'Zurilla & Nezu, 2010 zitiert von Berking & Rief, 2012b, S. 25). Auch soziale Kompetenzen und soziale Unterstützung können als wichtigen Puffer angesehen werden, um die Entstehung psychischer Störungen in Bezug auf Belastungen abfangen zu können. Unter motivationalen Kompetenzen wird die Fähigkeit verstanden Ziele, Fähigkeiten und Erwartungen aufgeben zu können, wenn diese nicht oder nur durch zu hohe kosten erreicht werden können (Berking & Rief, 2012b, S. 25). Eric Klinger (1977) definiert dieses „loslassen" als einen Trauerprozess, der eine anschließende erreichbare Zielsetzung ermöglicht (zitiert nach Berking & Rief, 2012b, S. 26). Zuletzt stehen die emotionalen Kompetenzen dafür, bei Belastungen mit den situativen und negativen Gefühlen umgehen zu können. Dadurch können auch anhaltende negative Emotionen abgefangen werden, um so eine psychopathologische Entwicklung zu verhindern (Berking, 2010, zitiert nach Berking & Rief, 2012b, S. 26). Zusätzlich werden noch Ressourcen wie die Resilienz und die Kompensationsfaktoren zu den Schutzfaktoren dazugezählt. Resilienz bezeichnet eine Widerstandsfähigkeit mit negativen Situationen. Dabei können Kinder mit Schwierigen Situationen umgehen und durch geeignete Strategien störungsfrei aus bestimmten Umständen hervorgehen (Petermann et al., 2018, S. 101). Kompensationsfaktoren beschreiben die Ressourcen, die entwickelt werden, um eigene Fehlentwicklungen auszugleichen, indem die Anforderungen der Umwelt mit zur Verfügung stehenden Fähigkeiten ausgeglichen werden (Reinelt, Schipper & Petermann, 2016 zitiert nach

9

Petermann et al., 2018, S. 103). Um Aussagen über die Wahrscheinlichkeit, an einer psychischen Störung zu erkranken treffen zu können, wurden diesbezüglich Risiko-Ressourcen-Modelle entwickelt, die das Verhältnis von Schutzfaktoren und individueller Verletzlichkeit und Risiken ermitteln. Das Gleichgewichtsmodell arbeitet mit einem Schwellenwert, der sich aus der Interaktion von Risiken und Ressourcen ermitteln lässt. Das Schutz- oder Schildmodell geht davon aus, dass Ressourcen zum Schutz von Gefährdungen bereitstehen. Das kompensatorische Modell nimmt an, dass die Fähigkeit von Ressourcen in der Ausgleichung von Mängeln liegt. Im Vergleich dazu beschreiben Puffermodelle die Minderung von Stressoren durch die Ressourcen. Zuletzt nehmen Herausforderungsmodelle an, dass Protektoren aktiviert werden, indem schwache Stressoren einwirken. Die Risiko-Ressourcen-Modelle beschreiben verschiedene Ausführungen der Risiko- und Schutzfaktoren, die in Tabelle 2, für ein besseres Verständnis visualisiert werden können (Berking & Rief, 2012a, S. 144).

Risikofaktoren	Ressourcen
Personengebundene Risikofaktoren • dispositionelle Faktoren (genetische Veranlagung, konstitutionelle Handicaps) • erworbene Faktoren (Entwicklungsrückstände, ungesunde Lebensweisen oder -stile, Verhaltensstörungen und Schulprobleme, geringer Selbstwert, geringer Kohärenzsinn, geringer Optimismus)	**Personale Ressourcen** • Resilienz (Fähigkeit, widerstandsfähig gegenüber äußeren Belastungen zu sein) • Wachstum • kognitive Fähigkeiten soziale Kompetenzen • Stressbewältigungsfertigkeiten • zum Widerstand befähigende Eigenschaften (Selbstwert, Autonomie, internale Kontrollüberzeugung)
Umweltbelastungen bzw. pathogene Kontexte • schlechte soziale Lage • kritische Lebensereignisse • chronische Belastungen • schlechtes familiäres Klima • schlechte soziale Netzwerke	**Umweltressourcen** • kulturelle Güter • soziale Güter • materielle Güter

Tabelle 1: Überblick zu Risiken und Ressourcen der Risiko-Ressourcen-Modelle (eigene Darstellung in Anlehnung an (Berking & Rief, 2012a, S. 144)

Textteil zu Aufgabe 2

Soziale Unterstützung

Wie oben schon angedeutet wird der Aspekt der sozialen Unterstützung meist als Schutzfaktor bezeichnet, da sie in verschiedenen Lebenssituationen grundsätzlich als hilfreich eingestuft wird. Dennoch wird soziale Unterstützung sowohl interindividuell verschieden wahrgenommen und entsprechend der Situation unterschiedlich bewertet als auch geschlechtsspezifisch unterschieden. In Laborexperimenten wurde zum Beispiel untersucht, dass Männer die soziale Unterstützung von ihrer Partnerin erhalten endokrinologisch weniger stark auf den Stressor reagieren als Männer ohne diese Unterstützung (Wittchen, 2011, S. 294). Dementgegen stehen Frauen, die keine stressdämpfenden Effekte durch die soziale Unterstützung ihres Partners aufweisen (Wittchen, 2011, S. 294). Arbeitsbezogener Stress kann beispielsweise nur durch soziale Unterstützung der Kollegen und Vorgesetzte gelindert werden (Wittchen, 2011, S. 294). Dies zeigt die unterschiedlichen Einflüsse der sozialen Unterstützung auf das Erleben des Menschen.

Fehlt die soziale Unterstützung, erhöht sich die Chance, an einer psychischen Störung zu erkranken was z. B. durch Stice, Ragan & Randall (2004) empirisch belegt wurde (zitiert nach Wittchen, 2011, S. 324). Eine fehlende soziale Unterstützung kann sich durch fehlende soziale Anerkennung äußern, womit ein niedriger sozialer Status und einer Verschlechterung der psychischen Gesundheit einhergeht (Wittchen, 2011, S. 325). Fehlende soziale Unterstützung stellt im Diathese-Stress-Modell ein Vulnerabilitätsfaktor für psychische Erkrankungen dar. Zudem stellen soziale Verlustereignisse, die die aktuellen Stressoren repräsentieren, ein Risikofaktor für zahlreiche psychische Störungen dar, wobei die Qualität der vorhergehenden Beziehung berücksichtigt werden muss (Wittchen, 2011, S. 325).

Das vorhanden sein sozialer Unterstützung kann beispielsweise ausgeübt werden, indem die Gewissheit auf sozialer Unterstützung ein positives Befinden fördert (Wittchen, 2011, S. 324). Zudem bietet die aktive soziale Unterstützung Möglichkeiten sich auszusprechen, Verständnis zu erhalten sowie Anregungen und praktische Hilfen in Bezug auf die Stressoren vermittelt zu bekommen (Wittchen, 2011, S. 324-325). Personen sind in der Lage Bedürfnisse ihrer

Mitmenschen wahrzunehmen und können darauf reagieren. So können Krisen leichter bewältigt werden und psychische und physische Krankheiten abgepuffert bzw. abgewendet werden. Die sog. Pufferhypothese beschreibt die Wichtigkeit der sozialen Unterstützung in Stresssituationen. Die Ereignisse können dadurch weniger Stress auslösend wahrgenommen und der Umgang damit besser bewältigt werden (Petermann et al., 2018, S. 55-56). Eine Studie von Saltzman und Holohan (2002) verdeutlicht den Zusammenhang von sozialer Unterstützung und depressiven Symptomen, indem Studenten die soziale Unterstützung von Eltern und Freunden erfahren haben eine Abnahme der depressiven Symptome verzeichnetet (zitiert nach Petermann et al., 2018, S. 56). Zudem führte die Unterstützung zu einer Steigerung der Selbstwirksamkeit was adaptive Coping Strategien begünstigte und somit zur psychischen Gesundheit beitrug (Petermann et al., 2018, S. 56). Somit kann gesagt werden, dass das vorhanden seine soziale Unterstützung nicht nur die Entstehung von psychischen Störungen verhindern, sondern auch die Aufrechterhaltung durchbrechen kann.

Dysfunktionale Kognition

Albert Ellis, Aaron T. Beck und Donald W. Meichenbaum gehören zu den Entwicklern kognitiver Verfahren, dessen Hauptaufgabe auf der Beeinflussung des Erlebens, Verhaltens und der Körperreaktionen durch kognitive Prozesse beruht (zitiert nach Berking & Rief, 2012a, S. 35). Wahrnehmungen, Erwartungen, Interpretationen, usw. werden unter dem Wort „Kognitionen" zusammengefasst. Eine Beeinträchtigung in diesem Bereich, auch dysfunktionale Kognitionen genannt, kann für die Entstehung und Aufrechterhaltung psychischer Störungen mitverantwortlich sein. Dysfunktionale Kognitionen äußern sich in ungünstigen Informationsverarbeitungsstilen, die in therapeutischen Maßnahmen herausgefiltert und (wenn möglich) modifiziert werden (Berking & Rief, 2012a, S. 35). Im Allgemeinen gehen kognitive Modelle davon aus, dass für die Entwicklung psychischer Störungen 2 Faktoren verantwortlich sind. Zum einen dysfunktionale kognitive Verarbeitungsschemata, die die Grundlage störungsspezifischer Verzerrungen im Denken und Emotionen darstellen und zum anderen die fehlerhaften Informationsverarbeitungsprozesse, wie die Aufmerksamkeit und die Erfahrungsinterpretation. Die kognitive Therapie hat sich zu einer der effektivsten Behandlungsansätze entwickelt (Petermann et al., 2018, S. 89). Zu den bekanntesten Störungen, bei denen die dysfunktionalen

Kognitionen nachgewiesen werden können, gehören Angststörungen und Belastungsstörungen. Kognitive Schemata bei Angststörungen beziehen sich generell auf die Wahrnehmung einer Bedrohung. Angstpatienten weisen eine Aufmerksamkeitsverschiebung mit Fokus auf den Gefahrenreiz durch die automatische Informationsverarbeitung auf (Petermann et al., 2018, S. 89). Die Angststörung stellt ein geeignetes Beispiel für die Aufrechterhaltung einer psychischen Störung mittels dysfunktionaler Kognitionen dar. Aufgrund früherer negativer Erfahrungen werden ungünstige kognitive Schemata entwickelt. Bei solchen Störungen treten kognitive Schemata auf, die eine negative Grundüberzeugung durchsehen lassen. Bei der Panikstörung können Gedanken wie „Überall lauern Gefahren." oder „Mein Herz klopft komisch, ich habe bestimmt einen Herzinfarkt" das Leben des Betroffenen beeinträchtigen. Dabei handelt es sich jedoch nicht um eine realistische Einschätzung, sondern um einen automatisierten Modus, der durch das Vermeidungsverhalten keine gegenteiligen Informationen zulässt. Eine Grundlage von Panikstörungen stellen somit die internalen Hinweisreize dar, die als lebensbedrohliche Gefahr interpretiert werden. Ein Teufelskreis entsteht, bei dem Anzeichen für eine Herzattacke wahrgenommen werden, durch diese eine verstärkte Angst und eine Aktivierung im synaptischen Nervensystem folgen. Hierdurch werden körperliche Empfindungen verstärkt und erneut mit vermehrter Angst eines lebensbedrohlichen Herzinfarktes reagiert, was in Abbildung 3 veranschaulicht dargestellt wird (Petermann et al., 2018, S. 72).

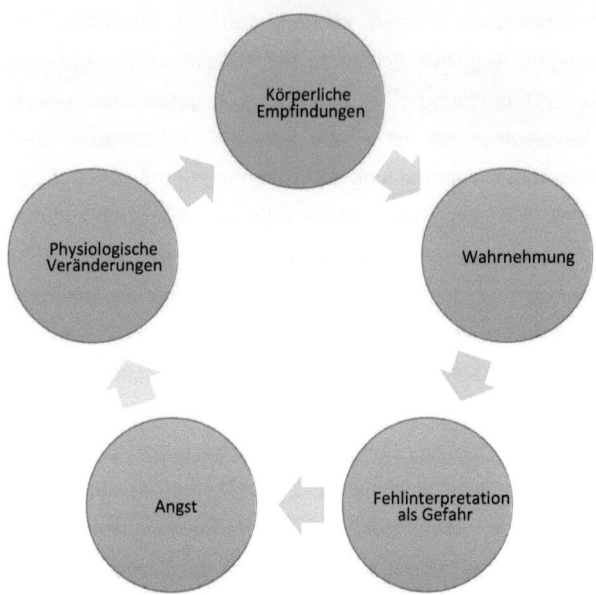

Abbildung 2: Kognitives Modell der Panikstörung nach Clark (1986); (eigene Darstellung in Anlehnung an Petermann et al., 2018, S. 73)

Neben der Entstehung einer Angst bzw. Panikstörung ist ein weiterer wichtiger Faktor, die Aufrechterhaltung einer psychischen Störung. An der Aufrechterhaltung der panikauslösenden Überzeugungen ist das Sicherheitsverhalten beteiligt. Hierbei wird ein Verhalten eingesetzt, dass bevorstehenden Katastrophen verhindern oder entgegenwirken soll (z. B. die Einnahme von Medikamenten). Da das Nichteintreten einer Katastrophe dann auf die erfolgreiche Ausübung des Sicherheitsverhaltens bezogen werden kann, verfestigt sich das Verhalten (z. B. „Hätte ich meine Tabletten nicht genommen, wäre ich sicher gestorben."); (Petermann et al., 2018, S. 73). Angststörungen gehören zu den ersten psychischen Störungen, für die Modelle und Therapieverfahren entwickelt wurden. Zu den theoretischen Modellen für die Entstehung und Aufrechterhaltung von Angststörungen werden lerntheoretische Modelle (z. B. Zwei-Faktoren-Theorie), kognitive Modelle (dysfunktionale Interpretationen) und neuere kognitive Verarbeitungsprozesse (z. B. selektive Aufmerksamkeit) angesehen (Petermann et al., 2018, S. 197). Neben den Angststörungen können auch bei posttraumatischen Belastungsstörungen dysfunktionale Kognitionen nachgewiesen werden. Traumatische Erfahrungen können Grundüberzeugungen des Opfers in verschiedene Bereiche des Lebens beeinträchtigen. Die gängigen belastenden Kognitionen, Erinnerungen und emotionale Schwierigkeiten verschwinden bei vielen Opfern wieder. Jedoch beschreibt Ehlers und Clark (2000), dass das sog. Traumagedächtnis in Verbindung mit dysfunktionalen Interpretationen, zur Wahrnehmung von gegenwärtigen Bedrohungen (Hier und Jetzt Gefühl) führen kann. Somit kann der Betroffene die belastende Erfahrung nicht als zeitbegrenztes Erlebnis ansehen und verarbeiten (zitiert nach Petermann et al., 2018, S. 80).

Trotz der Erfolge der kognitiven Erklärung psychischer Störungen, steht das Problem im Raum, wo der Ursprung der negativen Kognitionen festgemacht werden kann. Verhaltenstherapeuten sind der Meinung, dass dies von negativen Lernerfahrungen kommen kann, weshalb sie in der kognitiven Verhaltenstherapie die Veränderung der Denkmuster anstreben umso eine kognitive Umstrukturierung zu bewirken (Hautzinger & Thies, 2009, S. 10).

Textteil zu Aufgabe 3

Im diagnostischen Prozess werden Maßnahmen ergriffen, um diagnostisch relevante Informationen zu gewinnen, mit deren Hilfe die festgelegte Fragestellung beantwortet werden soll. Diagnostische Prozesse finden in vielen Beriechen Anwendung. Ob im Berufsleben zur Personalauswahl oder im Alltag, um herauszufinden warum der Computer so langsam arbeitet (Schmidt-Atzert, Amelang & Fydrich, 2012, S. 386). Diagnostik dient also nicht nur zur Klassifikation, sondern extrahiert Faktoren, die für das Auslösen und Aufrechterhalten der Störung wesentlich sind. Das eigentliche Ziel besteht somit im Erfassen des ganzheitlichen Grundverständnisses der vorliegenden Erkrankung, um darauf die Therapieplanung aufbauen zu können (Berking & Rief, 2012b, S. 14). In dieser Arbeit wird der gesamte diagnostische Prozess im Rahmen einer psychotherapeutischen Intervention veranschaulicht dargestellt und mit theoretischen Erklärungen begleitet. Um eine Diagnose vergeben zu können müssen vorher einige Schritte abgearbeitet werden, die im Folgenden dargestellt werden. Die Patientin Frau F. wurde am 17.01.2020 in die Psychiatrische Klinik eingewiesen. Der erste Schritt zur Diagnose besteht im Aufnahmegespräch, bei dem es zu einem ersten Kennenlernen zwischen Psychotherapeuten und Patient kommt, was in Abbildung 3 abgebildet wurde.

Aufnahmegespräch

a) Anlass der Aufnahme

Frau F. schildert, sie höre kommentierenden Stimmen. Die Patientin befindet sich erstmals in stationärer Behandlung. Sie ist seit einigen Monaten in psychiatrischer Behandlung bei Frau Dr. P. in München. Frau Dr. P. empfiehlt unter anderem eine Medikamentenumstellung.

b) Aktuelle Beschwerden

Die Hauptbeschwerde bestünde in den akustischen Halluzinationen. Diese undefinierten Stimmen treten wohl seit ca. 6 Monaten auf. Diese Stimmen sprächen mit ihr aber auch im Dialog untereinander. Seit ca. 3 Monaten werden sie wohl immer konkreter. Die Patientin schildert Beschimpfungen bis hin zu Morddrohungen. Die häufigsten Floskeln bestünden in den Sätzen: „Du bist viel zu dick" und „Bring dich lieber gleich um". Zudem werde Sie dazu verleitet sich Verletzungen zuzufügen. Sie fühle sich, als ob ihre Gedanken nicht von ihr kommen und sie manchmal von einer etwas gesteuert werde. In der Öffentlichkeit habe Sie Beziehungsideen und fühle sich unter gleichaltrigen Mädchen unwohl. In der Schule werde sie gemobbt. Sie berichtet von Angst, Schuldgefühlen, Niedergeschlagenheit, Verlust des Selbstwertgefühls und Selbsthass, was zu einem sozialen Rückzug führte. Zudem leide sie unter Schlaflosigkeit und fühle sich nachts hilflos und allein gelassen. Sie zeige keine ängstlichen Symptome bei großen Menschenansammlungen oder in der U-Bahn. Die psychotischen Symptome wurden abgefragt und konnten bis auf den Unterschied zwischen Leiter und Treppe korrekt beantwortet werden. Die Auffassung wurde durch Sprichwörter abgefragt und weist keine Auffälligkeiten auf.

c) Psychiatrische Anamnese

Die Kindheit von Frau F. weist keine Auffälligkeiten auf. Die Symptome traten wohl das erste Mal im Alter von 12 Jahren auf, wobei es der Patientin wohl gelang, die Stimmen erfolgreich zu unterbinden und diese bis zu ihrem 16 Lebensjahr verstummten. Mitte 2019 begab sich die 16-Jährige in ambulante Behandlung bei der niedergelassenen Psychiaterin Frau Dr. P. in München. Der Grund der Behandlung war der Suizid ihres Cousins in einer psychiatrischen Einrichtung. Bei ihm wurde wohl eine F20.1 diagnostiziert. Dies könnte ein traumatisches Erlebnis darstellen.

Die Patientin habe im Dezember 2019 einen Suizidversuch begangen, bei dem sie versuchte, sich die Pulsadern aufzuschneiden, verlor jedoch nach einem Schnitt das Bewusstsein und wurde von ihrem Vater gefunden und ins Krankenhaus gebracht. Die Stimmen zwangen sie wohl zu dieser Tat. Wunden an ihren Armen weisen auf selbstverletzendes Verhalten hin. Sie habe sich das erste Mal mit 14 Jahren Verletzungen am Arm mit einer Rasierklinge zugefügt. Dieses Verhalten ziehe sich bis heute hin und könne nur schwer unterbunden werden. Aktuell bestehen keine Suizidgedanken.

d) Medikamentenanamnese

Seit 2019 wird aufgrund der Behandlung bei Frau P. eine Psychopharmakotherapie angewendet. Die Patientin bekommt einmal monatlich eine Depotspritze mit 400 mg Aripiprazol. Bis November 2019 erwies sich dies als wirksam.

e) Familienanamnese

Der Cousin habe sich 2019 in einer psychiatrischen Einrichtung suizidiert. Die Mutter sei in ambulanter Behandlung wegen einer depressiven Symptomatik. Ihre ältere Schwester (19 Jahre) leide seit mehreren Jahren unter Schizophrenie und sei in Behandlung.

f) Suchtanamnese

Es liegen keine Anhaltspunkte für eine Abhängigkeit vor. Der Konsum von Alkohol, Nikotin und Drogen wurde verneint.

g) Somatische Anamnese

Es bestand und besteht keine Schwangerschaft.

h) Soziobiografische Angaben

Die Patientin sei in der Nähe von München geboren und aufgewachsen. Ihre Eltern seien verheiratet und sie habe eine ältere Schwester, die jedoch nicht mehr zuhause wohne. Die Patientin berichtet von einer unauffälligen und glücklichen Kindheit. Seit dem 15 Lebensjahr kam es wohl oft zu Spannungen innerhalb der Familie. Zu ihrem Vater habe sie kein gutes Verhältnis, da er oft Witze mache, die die Patientin nicht verstehe und auf sich beziehe. Das Verhältnis zu ihrer Schwester sei sehr gut. Das Verhältnis zur Mutter sei meist angespannt. Es gibt keine Anzeichen auf Gewalterfahrung oder traumatische Erlebnisse.

Die Patientin gehe in die 10 Klasse einer Realschule. Ihre schulischen Leistungen würden vermehrt abfallen, da sie sich nicht konzentrieren könne. Sie habe aufgrund ihrer Mitschülerinnen Angst zur Schule zu gehen, da sie gemobbt werde. Sie habe keine Beziehung. Sie wohne bei ihren Eltern. Sie gehe gerne zu Konzerten und zeichnet gerne. Sie berichtet von einer besten Freundin.

i) Psychischer Befund

Folgt.

j) Allgemeinkörperlicher und neurologischer Befund

Die Patientin weist Verletzungen mit einem scharfen Gegenstand an den Armen auf. Ihre tiefen Verletzungen zeigen teilweise schlecht verheilte Wunden und genähte Verletzungen. Narben übersähen ihre Arme und vereinzelt die Beine. Ansonsten wies die Patientin keine Auffälligkeiten auf. Die neurologische Untersuchung ist unauffällig. Es folgen weitere Untersuchungen, um eine Gehirnerkrankung ausschließen zu können.

Abbildung 3: Patientenanamnese von Frau F. (eigene Darstellung)

In der Diagnostik trägt das Aufnahmegespräch/ Anamnesegespräch dazu bei, das menschliche Erleben und Verhalten in Kategorien zu unterscheiden. Dabei wird versucht das Individuum multidimensional zu betrachten und alle wichtigen Informationen herauszuarbeiten, um schon hier der Diagnose einen Schritt näher zu kommen (Petermann et al., 2018, S. 229-230). Durch das Aufnahmegespräch erhält der Therapeut neben der qualitativen und quantitativen Beschreibung der psychischen Problematik, die Möglichkeit einen ersten Eindruck vom Patienten zu gewinnen und eine mögliche Vorannahme über die Einordnung in das Klassifikationssystem zu tätigen (Schmidt-Atzert et al., 2012, S. 504-505). Im Zuge dessen werden die Symptome exploriert, wobei mehrmals gemeinsam auftretende Symptome, Syndrom genannt wird (Berking & Rief, 2012b, S. 10). In diesem Fall weisen die Symptome der akustischen Halluzination und das Einpflanzen von Gedanken zu einem schizophrenen Syndrom hin. Durch die Gestik, Mimik und das Verhalten von Frau F. kann sich der Therapeut einen ersten Eindruck verschaffen. Hier handelt es sich augenscheinlich um ein junges, schüchternes und leicht verängstigtes Mädchen. Die Nervosität kann durch das Zupfen an ihrem Ärmel angenommen werden und die sehr kindliche Hohe, nicht altersentsprechende Stimme wirkt auffällig.

1. Planungsphase

Nach dem Aufnahmegespräch beginnt die Planungsphase. Der Therapeut hat nun alle notwendigen Informationen, um die Fragestellung zu erstellen. In der klinischen Diagnostik beziehen sich dich Fragestellungen allgemein auf das Herausfinden der psychischen Störung oder Probleme. Hierzu muss vorab geklärt werden, ob die Kompetenzen des Therapeuten ausreichend für die Fragestellung ist und ob diese sich als grundsätzlich beantwortbar erweist (Ziegler & Bühner, 2012, S. 15). Nach dieser Feststellung werden spezifische Hypothesen abgeleitet. Die Haupthypothese kann hier aufgrund des Aufnahmegesprächs abgeleitet werden: „Liegt bei Frau F. eine Schizophrenie vor?". Zudem müssen andere psychische Störungen abgegrenzt und ausgeschlossen werden, was zu den weiteren Hypothesen führt: „Kann eine affektive Störung ausgeschlossen werden?" und „Können Missbrauch und Abhängigkeit von psychotropen Substanzen ausgeschlossen werden" und „Kann ein Entzugssyndrom ausgeschlossen werden?". Diese bestimmten Abgrenzungen können nur getroffen werden, wenn der zuständige Therapeut über das spezifische Wissen über Konstrukte und Theorien zu den Teildisziplinen verfügt. Diese Hypothesen kommen bei diesem Beispiel zum Einsatz, da das geschilderte Hauptleiden der Patientin die akustischen Halluzinationen sind und diese auch durch z. B. psychotrope Substanzen ausgelöst werden können, weshalb diese Hypothesen ausgeschlossen werden müssen, um die Fragestellung einer Schizophrenie mithilfe einer umfangreichen Differenzialdiagnostik beantworten zu können (Ziegler & Bühner, 2012, S. 16-17). Anschließend folgt die Operationalisierung, was mit der Auswahl der Untersuchungsmethoden realisiert wird, um die Hypothesen beantworten zu können und so der Diagnose einen Schritt näher zu kommen. Die Methoden einer klinischen Diagnostik können allgemein psychometrische Tests und Fragebögen, Interviews und Verhaltensbeobachtungen sein. Dokumentenanalysen können nur bei vorherigen stationären Aufenthalten oder Arztbriefen erfolgen (Ziegler & Bühner, 2012, S. 18). Um Krankheitsbilder abgrenzen zu können, müssen weitere Einschluss- und Ausschlusskriterien geprüft werden, damit mögliche Fehlerquellen, Interpretations- und Beobachtungsvarianzen zu verringern (Berking & Rief, 2012b, S. 10). Im klinischen Alltag werden meist allgemeine Screening-Fragebögen, wie der DIA-X eingesetzt, um einen allgemeinen Überblick über die psychischen Auffälligkeiten zu erhalten und eine Eingrenzung der weiteren Verfahren vornehmen zu können (Wittchen, Perkonigg & Pfister, 1997). Denn anhand des Vorfragebogens wird ein strukturiertes klinisches Interview (SCID-5-CV) ausgewählt. Dadurch kann der hohe Zeitaufwand des SCIDs eingedämmt werden, indem nur einzelne Bereiche ausgewählt werden, die für den Patienten als relevant erscheinen. Aufgrund des Vorfragebogens und der Anamnese wird sich für ein klinisches Interview mit dem SKID-5-CV und den folgenden Sektionen entschieden. Bei dieser Patientin werden auf der relativ zielführenden Beschreibung ihrer Symptomatik, Sektion C, Differenzialdiagnose psychotischer Störungen als Hauptannahme erfasst. Wichtig für die Ausschlusskriterien sind jedoch das Abgrenzen von einer depressiven oder manischen Episode, weshalb Sektion A, der affektiven Syndrome auch getestet wird (Beesdo-Baum, Zaudig, Wittchen, 2019, S. 230). Sektion B (psychotische und assoziierte Symptome) kann auch getestet werden, jedoch treten psychotische Symptome und Psychose-assoziierte Symptome bei 90 % der Schizophrenieerkrankten zumindest zeitweise auf und ist deshalb für die eigentliche Diagnostik wenig zielführend (Pajonk, 2005). Sektion E, Missbrauch und Abhängigkeit von psychotropen Substanzen kann zudem getestet werden, da die beschriebenen Symptome auch auf ein Entzugssyndrom passen könnten, oder ein Hinweis auf den Konsum psychotroper Substanzen darstellen kann (Beesdo-Baum, Zaudig, Wittchen, 2019). Da eine Verhaltensbeobachtung jedoch nicht als Hypothesenprüfung sondern nur als Hypothesengenerierung eingesetzt werden darf, müsste der Sektion E ebenfalls getestet werden (Ziegler & Bühner, 2012, S. 21). Da jedoch die bei der Aufnahme gemachten Alkohol- und Drogentests keine Auffälligkeiten aufweisen wird im Interview nur sehr kurz auf dieses Thema eingegangen.

2. Durchführungsphase
Nun folgt die eigentliche Testung der Patientin. Für den Fall, dass verschiedene Verfahren zum Einsatz kommen, ist ein Untersuchungsplan notwendig, wobei Reihenfolge der Verfahren, Testurzeit, Pausen, Testort und -leiter und Umgang mit der Person und deren Rückfragen beinhaltet werden sollen. Bei der Durchführung selbst spielen grundlegende Aspekte wie die Raumtemperatur, Beleuchtung, Lärmbelastung, etc. eine wesentliche Rolle, damit die Durchführungsobjektivität gewährleistet werden kann (Ziegler & Bühner, 2012, S. 20).

Die Auswertung der angefallenen Informationen ergab, dass die Patientin wie zu erwarten auf Sektion C scort und darüber hinaus keine depressiven oder manischen Episoden aufweist. Das Interview gibt Hinweise auf die grundlegenden und charakteristischen Störungen des Denkens und der Nachahmung. Gedankeneingebung und Gedankenausbreitung wurden im Interview festgestellt, sowie Stimmen, die mit und über die Patientin sprechen. Es bestehen weder aussagekräftige Negativsymptomatiken, noch sprachlich oder motorische Defizite (WHO, 2018). Ein zusätzliches Telefonat mit Frau P. der behandelnden Psychiaterin, bestätigt durch die Fremdbeurteilung den Verdacht auf Schizophrenie.

Exkurs: Datenquellen

Um eine kurze Erklärung in die hier gezeigten Methoden zu erhalten, wird im Folgenden in Kürze auf die verwendeten Datenquellen eingegangen. Die Informationsgeber solcher Datenquellen können Selbst- und Fremdbeurteilung sein. In diesem Beispiel wurden die Fragebögen herangezogen, in denen die Patientin eine Selbstbeurteilung abgeben konnte. Bei der Fremdbeurteilung handelte es sich in diesem Beispiel um die Einschätzung des Therapeuten (z. B. Verhaltensbeobachtung) und der Psychiaterin. Um eine Gehirnerkrankung ausschließen zu können, wurde ein fMRT veranlasst. Diese bildgebende Verfahren stellen auch Datenquellen dar, weitere Verfahren wären z. B. Leistungs- und Intelligenztest (Petermann & Daseking, 2015, zitiert nach Petermann et al., 2018, S. 230).

3. Integrationsphase

Nun wird entschieden, ob die Hypothesen angenommen oder verworfen werden müssen und dementsprechend weitere Testungen folgen. In diesem Beispiel wurde die Hypothese, ob eine Schizophrenie vorliegt angenommen. In diesem Fall können alle Hypothesen akzeptiert werden und der Diagnostiker kann sich der Beantwortung der Fragestellung widmen, indem die hierfür existierenden Klassifikationssysteme ICD-10 verwendet werden. Da die allgemeinen diagnostischen Kriterien für eine Schizophrenie (F20) erfüllt wurden, ohne einer passenden Unterform zu entsprechen, wurde sich für eine undifferenzierte Schizophrenie entschieden (ICD-10: F20.3, DSM-IV: 295.90); (WHO, 2018).

Nach der Klassifikation des Krankheitsbildes darf die Diagnostik jedoch nicht als abgeschlossen betrachtet werden. Durch das Herausfinden der Entstehung der psychischen Problematik können Hinweise für die individuelle Planung der Behandlung beinhaltet sein. Da der Therapieplan ständig angepasst und verändert werden muss, beginnt die Diagnostik in bestimmten Abständen von Neuem. Es wird zur klinisch-psychologischen Interventionsroutine, die Therapieschritte anzupassen und somit die Diagnostik zu verfeinern, zu erweitern und/ oder zu verändern (Schmidt-Atzert et al., 2012, S. 505).

Weitere diagnostische Verfahren

Neben der Störungsdiagnostik kommen weitere diagnostische Verfahren zum Einsatz, wie die interpersonelle Persönlichkeitsdiagnostik, die funktionale Problemanalyse/ Bedingungsanalyse (Verhaltensdiagnostik), die Ressourcendiagnostik, Motivations- und Zielanalysen, Indikationsentscheidung/ Therapieplanung und Verlaufs- und Abschlussdiagnostik. In diesem Fall wird die interpersonelle Persönlichkeitsdiagnostik wenig bis keine Aussagekraft haben,

21

da Frau F. keine Personeneigenarten und interpersonellen Probleme aufweist, die auf eine Persönlichkeitsstörung hinweisen würden (Petermann et al., 2018, S. 235-236). Da die funktionale Problemanalyse/ Bedingungsanalyse ein wichtiger Bereich der Verhaltensdiagnostik repräsentiert wird darauf kurz eingegangen. Um die entstehungs- und aufrechterhaltenden Bedingungen verstehen zu können, wird das sog. SORKC-Modell (vgl. Abbildung 4) von Kanfer und Saslow (2012) angewendet. Dieses Modell versucht das menschliche Verhalten, mithilfe der Skinnerischen Lerntheorie in eine Systematik zu bringen und so die Plananalyse durchzuführen. Hierbei werde die Kognitionen, die zur Entstehung und Aufrechterhaltung eines Problemverhaltens beitragen in einer Therapie zu modifizieren (zitiert nach Petermann et al., 2018, S. 236-237).

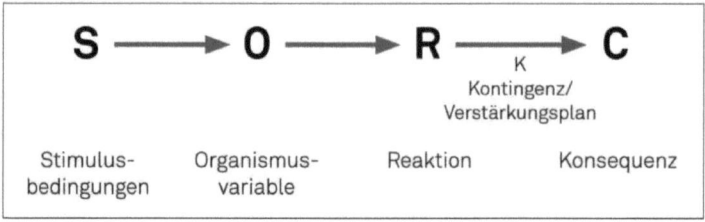

Abbildung 4: SORKC-Schema zur Verhaltensanalyse (Petermann et al., 2018, S. 237)

Bei der Ressourcendiagnostik wird das positive Potenzial eines Patienten herausgefunden und gefördert, um das Wohlbefinden, die Therapiebeziehung oder die Aufnahmebereitschaft zu verbessern (Petermann et al., 2018, S. 240). Zum Abschluss werden Informationen über die Wirkungsweise und die Wirksamkeit eines Therapieverlaufs erhoben, um die Qualitätssicherung in der psychotherapeutischen Praxis zu kontrollieren und zu verbessern (Petermann et al., 2018, S. 234-235).

Literaturverzeichnis

Beelmann, A. (2012). *Risiko-und Schutzfaktoren in der sozialen Entwicklung von Kindern und Jugendlichen und ihre Bedeutung für die lokale Bedarfsplanung,* Universität Jena, Institut für Psychologie. Zugriff am 09.04.2020. Verfügbar unter https://lpr.niedersachsen.de/html/download.cms?id=1907

Beesdo-Baum, Zaudig, Wittchen. (2019). *SCID-5-CV. Strukturiertes Klinisches Interview für DSM-5®-Störungen – Klinische Version.*

Berking, M. & Rief, W. (Hrsg.). (2012a). *Klinische Psychologie und Psychotherapie für Bachelor* (Bd. 5024). Berlin, Heidelberg: Springer Berlin Heidelberg. https://doi.org/10.1007/978-3-642-25523-6

Berking, M. & Rief, W. (2012b). *Klinische Psychologie und Psychotherapie für Bachelor. Band I: Grundlagen und Störungswissen Lesen, Hören, Lernen im Web* (Springer-Lehrbuch). Berlin, Heidelberg: Springer. https://doi.org/10.1007/978-3-642-16974-8

Hautzinger, M. & Thies, E. (2009). *Klinische Psychologie: Psychische Störungen kompakt. Mit Add-On* (Anwendung Psychologie, 1. Aufl.). Weinheim: Beltz PVU. Verfügbar unter http://www.content-select.com/index.php?id=bib_view&ean=9783621278973

Herbert, B. (2017). Studienbrief SRH Fernhochschule. Spezialgebiete der Biologischen Psychologie.

Pajonk, F.-G. (2005). Psychotische Störungen. *psychoneuro, 31*(09), 403. https://doi.org/10.1055/s-2005-919167

Petermann, F., Maercker, A., Lutz, W. & Stangier, U. (2018). *Klinische Psychologie – Grundlagen*: Hogrefe. https://doi.org/10.1026/02783-000

Schmidt-Atzert, L., Amelang, M. & Fydrich, T. (2012). *Psychologische Diagnostik. Mit 82 Tabellen* (Springer-Lehrbuch, 5., vollständig überarbeitete und erweiterte Auflage). Berlin: Springer. https://doi.org/10.1007/978-3-642-17001-0

WHO. (2018). *ICD-10-GM Version 2018,* DIMDI.

Wittchen, H.-U. (2011). *Klinische Psychologie & Psychotherapie* (Springer-Lehrbuch, 2., überarb. und erw. Aufl.). Heidelberg: Springer-Medizin.

Wittchen, H.-U., Perkonigg, A. & Pfister, H. (Hans-Ulrich Wittchen, H. P., Hrsg.). (1997). *DIA-X. Diagnostisches Expertensystem für Psychische Störungen* (1. Auflage), Harcourt Test Services.

Ziegler, M. & Bühner, M. (2012). *Grundlagen der Psychologischen Diagnostik.* Wiesbaden: VS Verlag für Sozialwissenschaften. https://doi.org/10.1007/978-3-531-93423-5